Andreas Kirchgäßner · Irmgard Paule

Fußball-Freunde

arsEdition

Die Deutsche Bibliothek – CIP-Einheitsaufnahme

Fußball-Freunde / Andreas Kirchgäßner Mit Bildern von Irmgard Paule. –
München : Ars-Ed., 2003
(Känguru : Bildergeschichten zum Lesenlenen)
ISBN 3-7607-3913-X

Lesedidaktische Beratung: Prof. Dr. Manfred Wespel

1. Auflage 2003

© 2003 arsEdition GmbH, München · Alle Rechte vorbehalten
Titelbild und Innenillustrationen: Irmgard Paule
Titelvignette: Carola Holland
Umschlaggestaltung: Christina Krutz
ISBN 3-7607-3913-X

www.arsedition.de

Die Schule ist aus.
Die Hausaufgaben
sind gemacht.

Zeit für
ein kleines Fußballspiel.

Alex und Nicola
gehen ganz schön ran.

Kein leichtes Spiel
für Benny und Armin.

„Foul!", schreit Benny.

Doch Armin
steht genau richtig.
„Vorteil!", ruft er.

Jetzt wirds eng für Armin.

Armin aber
kann den Hackenheber.

Da können die anderen
nur staunen.

„Tor!",
jubeln Benny und Armin.
Holger guckt verdutzt.

„Woher kannst du denn den supertollen Trick?", fragt Benny.

„Von Abukari!", sagt Armin.

„Abu... wer?"
„Abukari, der beste Stürmer vom FC", erklärt Armin.

„Abukari kommt aus Ghana. Das ist in Westafrika."

„Am Samstag, beim Heimspiel,
ist Abukari dabei.
Kommst du mit?", fragt Armin.

„Weiß nicht. Meine Eltern
verstehen nichts
von Fußball", sagt Benny.

„Eine ‚Schwalbe'
ist für sie ein Vogel."

Benny ist trotzdem
wild entschlossen.

Er bereitet sich
auf das große Spiel vor.

„Darf ich mit Armin
und seinem Papa
zum FC-Heimspiel?"

Da können Bennys Eltern
natürlich nicht Nein sagen.

„Machen Sie sich mal
keine Sorgen",
sagt Armins Papa.

„Ich bringe Ihnen
Ihren Racker heil zurück."

Dann ist es endlich so weit.
„Wir sind früh dran",
sagt Armins Papa.

„Wo sind die Zuschauer?",
fragt Benny.
„Warts ab!", sagt Armin.

„Jetzt wirds eng!",
sagt Armin.

„Da kommen sie!",
jubeln alle.

Armins Papa nimmt Armin auf seine Schultern.

„Schade, dass mein Papa nicht da ist", denkt Benny.

„Hey, ich will auch mal was sehen!", ruft Benny.

„Ojemine: Elfmeter!", ruft Armin.

„Na warte", denkt Benny.

„Dann klettere ich eben
an dem Mast hoch",
murmelt Benny.

„Weg da,
du versperrst die Sicht!",
schimpfen die Leute.

Dann schreien alle:
„Neeeeiiiinnnn!"

„Was war los?", fragt Benny.

„Gegentreffer!", jammert Armin.

„Abukari vor, schieß ein Tor!", ruft Armins Papa.

Er leiht sich schnell eine Trommel aus.

„Ich will auch mal rauf", ruft Benny.

„Nee, das darf nur ich. Ist doch mein Papa", erwidert Armin.

„Blödmann!"
„Vollidiot!"

„Toooooor! Habt ihr das gesehen? Abukari hat das Ding gnadenlos verwandelt!", ruft Armins Papa.

„Wartet hier!", sagt der Papa. „Ich muss mal für kleine Mädchen."

„Abukari, Abukari!", rufen alle.

Nur Benny und Armin
kriegen nichts mit.

„Komm,
wir gehen nach vorne!",
drängt Armin.

„Nicht besonders bequem,
aber wir sehen was!"

Gut, dass sie was sehen. Abukari ist am Ball.

Er zeigt, was er drauf hat.

„Megascharf, der Abukari!"

„Abu ... Abukari ..."

„Toooooooooooor! 2:1!"

„Abpfiff!", ruft Armin.
„Wir haben gewonnen!"

„Wo steckt jetzt bloß
dein Papa?", fragt Benny.

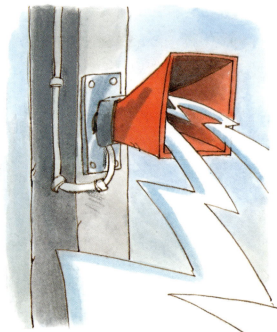

„Siehst du ihn?"
„Keine Spur!"

„Achtung! Achtung!
Armins Papa erwartet
seine Jungs bei den Kabinen."

„Wir müssen auf die
andere Seite rüber!",
ruft Armin.

„Seid ihr die beiden Langnasen,
die gesucht werden?",
fragt Abukari.

„Aber ... du bist doch ...!",
stottern Benny und Armin.

„Ja, das bin ich!", sagt Abukari.

„Sieh mal, was wir
von dir abgeguckt haben!",
sagen Benny und Armin.

„Nicht schlecht!",
lobt Abukari.

„Wartet mal ...
Ich hab da eine Idee."

„Wollt ihr mit unserem
Nachwuchs trainieren?",
fragt er.

„Talente können wir
dort gut gebrauchen",
erklärt Abukari.

„Das wäre ja megascharf!",
rufen Benny und Armin.

„Was werden meine Eltern
dazu sagen?",
zweifelt Benny.

„Sie halten nämlich
einen Steilpass
für einen Bergpfad", sagt er.

„Ahh, da seid ihr ja endlich.
Ich habe euch überall
gesucht!", ruft Armins Papa.

„Wir sind alle sehr stolz
auf Sie", sagt er.

„Könnten wir ein Autogramm
kriegen?"

Einige Wochen später bewundern alle die Tricks, die Benny drauf hat.

„So was lernt man im Training. Wenn ihr mitkommt, zeigen wirs euch", schlägt Benny vor.

„Bei Abukari lernt ihr Dribbling vom Feinsten!", erklärt Benny.

Da sind auch Nicola,
Alex und Holger
nicht mehr zu halten.

Alle fiebern
dem großen Spiel entgegen.

„Zeigs ihnen, Benny",
ruft Abukari beim Elfmeter.

„Und ich dachte, ein Elfer
wäre eine Buslinie!",
sagt Bennys Papa und grinst.

„Tor!"
Benny hat den Elfer
eiskalt verwandelt.

Alle jubeln:
„Benny! Benny! Benny!"

Weitere Bildergeschichten zum Lesenlernen

„Wir kommen jetzt immer zu spät",
ruft Jana.
„Das bringt Glück!"

Nick spukt weiter.
Niemand ist sicher vor ihm.
Nick lauert überall ...

„Wir müssen das Versteck
des Diebes finden",
flüstert Jonas.

Philipp buddelt aufgeregt
unter der Kastanie.
Da stößt er auf etwas Hartes ...